BEI GRIN MACHT SICH IHR WISSEN BEZAHLT

- Wir veröffentlichen Ihre Hausarbeit,
  Bachelor- und Masterarbeit

- Ihr eigenes eBook und Buch -
  weltweit in allen wichtigen Shops

- Verdienen Sie an jedem Verkauf

Jetzt bei www.GRIN.com hochladen und kostenlos publizieren

Bibliografische Information der Deutschen Nationalbibliothek:

Die Deutsche Bibliothek verzeichnet diese Publikation in der Deutschen National-
bibliografie; detaillierte bibliografische Daten sind im Internet über http://dnb.d-
nb.de/ abrufbar.

Impressum:

Copyright © 2017 GRIN Verlag, Open Publishing GmbH
Druck und Bindung: Books on Demand GmbH, Norderstedt Germany
ISBN: 9783668554504

Dieses Buch bei GRIN:

http://www.grin.com/de/e-book/377953/die-gebraeuchlichsten-methoden-der-
unternehmensbewertung-einfuehrung-und

Gabriel Hilbrig

Die gebräuchlichsten Methoden der Unternehmensbewertung. Einführung und Überblick

Vergleich und Analyse des Ertragswertverfahren und der DCF-Verfahren

GRIN Verlag

GRIN - Your knowledge has value

Der GRIN Verlag publiziert seit 1998 wissenschaftliche Arbeiten von Studenten, Hochschullehrern und anderen Akademikern als eBook und gedrucktes Buch. Die Verlagswebsite www.grin.com ist die ideale Plattform zur Veröffentlichung von Hausarbeiten, Abschlussarbeiten, wissenschaftlichen Aufsätzen, Dissertationen und Fachbüchern.

Besuchen Sie uns im Internet:

http://www.grin.com/

http://www.facebook.com/grincom

http://www.twitter.com/grin_com

Die gebräuchlichsten

Methoden der

Unternehmensbewertung

Einführung und Überblick / Vergleich und Analyse des

Ertragswertverfahren und der DCF-Verfahren

Hilbrig, Gabriel

11.06.2017

Betriebswirtschaftslehre 2. FS

Alanus Hochschule

Inhaltsverzeichnis

Einleitung

Ich habe mich für dieses Thema entschieden, weil ich mich für die Bewertung von Unternehmen interessiere. Mich hat besonders interessiert, wie und nach welchen verschiedenen Verfahren Unternehmen bewertet und inwiefern Parameter der Unternehmensbewertung in den verschiedenen Verfahren anders ausgerichtet oder unterschiedlich ausgeprägt sind.

Die Arbeit befasst sich mit den Grundlagen der Unternehmensbewertung. Zu Beginn wird über verschiedene „basics" der Bewertung geschrieben, woraufhin die Funktionen der Unternehmensbewertung und Anlässe für eine Bewertung vorgestellt werden. Unter dem Begriff der Unternehmensbewertung finden sich mehrere Methoden wieder, weshalb im Folgenden verschiedene Kategorien der Unternehmensbewertung beschrieben werden und diesen anschließend die Verfahren zugeordnet werden.

Nachdem der Leser sich einen Einblick in die Grundlagen der Unternehmensbewertung verschaffen konnte, werden im folgenden Teil der Arbeit zwei Unternehmensbewertungsverfahren detailliert vorgestellt. Es werden das Ertragswertverfahren und das DCF-Verfahren vorgestellt und miteinander verglichen. Es handelt sich bei diesen Verfahren um die gebräuchlichsten Methoden der Unternehmensbewertung in Deutschland.

Unternehmensbewertung

Überblick

Die Unternehmensbewertung hat das Ermitteln eines zutreffenden Werts für ein ganzes Unternehmen oder Teile davon zum Gegenstand. In der Betriebswirtschaftslehre spricht man von der sog. Bewertungslehre.

Die Bewertungslehre lässt sich dem betriebswirtschaftlichen Feld der Investitionsrechnung zuordnen. Die Investitionsrechnung beschränkte sich lange Zeit nur auf die Verfahren der Wirtschaftlichkeitsrechnung. Mit zunehmendem Einzug investitionstheoretischer Aspekte und Erkenntnisse in die Unternehmensbewertung verkörpert diese inzwischen ausreichend Elemente, um als Teil der Investitionsrechnung gesehen zu werden. Die Wirtschaftlichkeitsrechnung und die Unternehmensbewertung unterscheiden sich hauptsächlich in dem Punkt, dass die Wirtschaftlichkeitsrechnung verschiedene wirtschaftliche Handlungen, wie z.B. Investitionen, nach ihrer Vorteilhaftigkeit analysiert, die Unternehmensbewertung hingegen versucht, einen zutreffenden Wert für ein Unternehmen, den Teil eines Unternehmens oder eine Wirtschaftseinheit zu finden. [1]

In der Unternehmensbewertung wird der Wert durch objektive oder subjektive Bewertungsmaßstäbe gebildet. Wobei zwischen sog. traditionellen und modernen Verfahren unterschieden wird. Die traditionellen Verfahren der Unternehmensbewertung ermitteln den Wert einer Unternehmung auf Grundlage rein objektiver Bewertungsmaßstäbe. Die Bewertung durch traditionelle Verfahren erfolgt anhand der Beurteilung vorhandener Unternehmenssubstanz und teilweise auch unter Berücksichtigung von Erträgen, die das Unternehmen unter gleichbleibenden Bedingungen erzielen könnte. [1] Die objektive Wertbildung findet „entpersonifiziert" statt und stellt einen Wert, losgelöst von subjektiven Interessen dar, mit dem Ziel, einen unparteiischen Wert zu ermitteln. Dem objektiven Bewertungsansatz liegt die Annahme zu Grunde, dass es für jedes Unternehmen einen festen Wert gibt. [2]

Die modernen Verfahren sind dadurch geprägt, dass sie überwiegend die subjektiven Eigenschaften der Handelssubjekte im Rahmen einer Unternehmensbewertung berücksichtigen. Das bedeutet, der Wert wird bewusst nicht ausschließlich nach objektiven

Bedingungen gebildet. Stattdessen beinhaltet der Wert die Erwartungen und Entscheidungssituationen des Bewertenden, was dazu führt, dass die subjektive Einschätzung der Zukunftsaussichten des Unternehmens eine erhebliche Auswirkung auf die Bemessung des Wertes des Unternehmens oder eines Teils dessen hat. Die modernen Verfahren bilden unter Berücksichtigung dieser subjektiven Eigenschaften und diskontierter finanzieller Überschüsse – die bei der Fortführung des Unternehmens zu erzielen sind – einen Zukunftserfolgswert, der das Unternehmen bewerten soll. [1]

Die vorherrschende Meinung in der Betriebswirtschaft orientiert sich an den modernen Verfahren, was auf die Überlegung zurückzuführen ist, dass der Gesamtwert eines Unternehmens nicht der Summe der Werte der Vermögensgegenstände entspricht. Der Wert ergibt sich aus der Art und Weise, wie diese Vermögensgegenstände eingesetzt und kombiniert werden und ihrer Interaktion als System, dessen Wert von der Effizienz der Kombination der Gegenstände abhängig ist. [1]

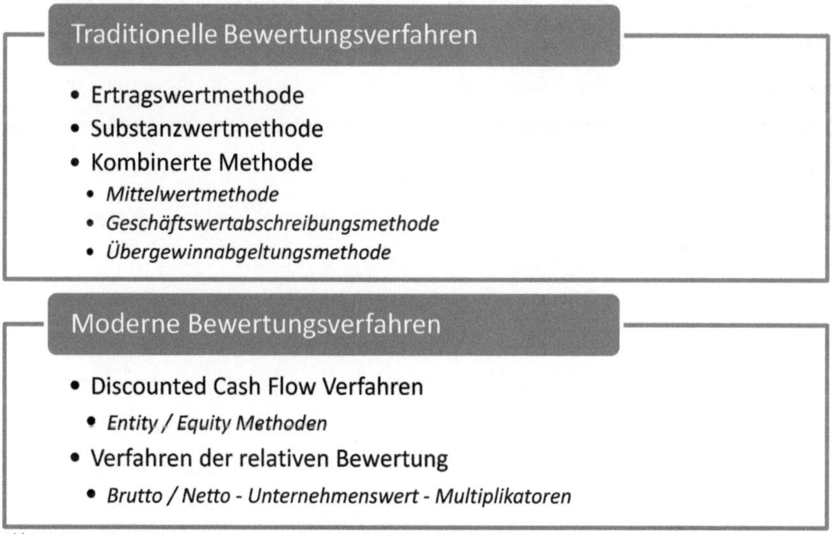

Traditionelle Bewertungsverfahren

- Ertragswertmethode
- Substanzwertmethode
- Kombinerte Methode
  - *Mittelwertmethode*
  - *Geschäftswertabschreibungsmethode*
  - *Übergewinnabgeltungsmethode*

Moderne Bewertungsverfahren

- Discounted Cash Flow Verfahren
  - *Entity / Equity Methoden*
- Verfahren der relativen Bewertung
  - *Brutto / Netto - Unternehmenswert - Multiplikatoren*

Abb.1 Verfahren der Unternehmensbewertung aufgeteilt nach traditionell/modern [1]

In Abbildung 1 ist dargestellt, welche Verfahren zu den traditionellen und den modernen Methoden gehören.

Außerdem unterscheidet man in der Unternehmensbewertung zwischen den Gesamtbewertungsverfahren, den Einzelbewertungsverfahren, den Mischverfahren und den Überschlagsrechnungen. [1]

Die **Gesamtbewertungsverfahren** betrachten die zu bewertende Unternehmung als Bewertungseinheit. Anders als die Einzelbewertungsverfahren orientiert sich das Gesamtbewertungsverfahren bei der Wertfindung nicht ausschließlich an dem Wert bestehender Unternehmenssubstanz, sondern darüber hinaus an dem zukünftigen Nutzen des Unternehmens. Der Unternehmenswert wird durch das Diskontieren von zukünftigen finanziellen Überschüssen auf einen Bezugszeitpunkt ermittelt. Damit stellt der ermittelte Unternehmenswert der Gesamtbewertungsverfahren einen Kapitalwert da. Der hierbei verwendete Zinssatz orientiert sich an der besten risikoäquivalenten Alternativanlage am Kapitalmarkt, d.h. je höher das Risiko ist, dass die zukünftigen Erträge nicht in der erwarteten Höhe eintreten, desto größer fällt der Diskontierungszinssatz aus.

Die **Einzelbewertungsverfahren** sind üblicherweise traditionelle Verfahren. Sie bewerten das Unternehmen anhand objektiver Werte. So erfolgt bspw. die Ermittlung des Gesamtwerts eines Unternehmens unter Verwendung des Substanzwertverfahren, welches ein Einzelbewertungsverfahren ist, durch die synthetische Zusammensetzung der einzelnen Vermögenswerte und der Schulden. Die Einzelbewertungsverfahren treffen keine Aussagen über eventuelle zukünftige finanzielle Zu- oder Abflüsse, sie bewerten bei der Wertermittlung für ein Unternehmen ausschließlich bewertbare Unternehmenssubstanz wie bspw. Unternehmensvermögensgegenstände und Schulden.

Die **Mischverfahren** charakterisieren sich durch die Vereinigung verschiedener Elemente aus Gesamt- und Einzelbewertungsverfahren. Diese Kombination findet sich im sog. Mittelverfahren wieder. Im Mittelverfahren wird der Unternehmenswert als arithmetisches Mittel aus Ertrags- und Substanzwert errechnet. Der Ertrags- und der Substanzwert stellen den Unternehmenswert auf Grundlage des Ertragswert- und des Substanzwertverfahren dar. Die Grundidee der Mischverfahren ist es, durch das Verwenden von Teilen verschiedener Verfahren, eventuelle Schwächen auszugleichen. Das Mittelverfahren verwendet z.B. Elemente aus dem Ertragswertverfahren und dem Substanzwertverfahren. So gelingt es dem Mittelverfahren das Substanzwertverfahren um eine zeitliche Perspektive, also die zukünftigen Kapitalflüsse zu erweitern.

Zu den **Überschlagsrechnungen** gehören die Multiplikationsverfahren. Der Unternehmenswert wird bei diesem Verfahren das durch Ableiten verschiedener Marktpreise vergleichbarer Unternehmungen bestimmt. [1] [3]

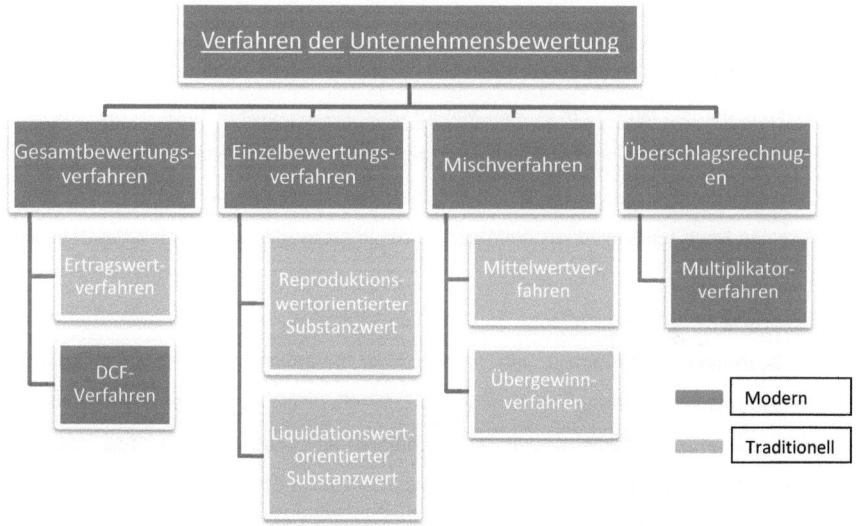

Abb.2 Die Verfahren der Unternehmensbewertung [1]

Abbildung 2 stellt dar, welche Unternehmensbewertungsverfahren welcher Kategorie angehören. Außerdem geben die verschieden gefärbten Symbole Aufschluss darüber, ob es sich um ein traditionelles oder modernes Verfahren handelt. Es ist zu beobachten, dass den verschiedenen Gruppen der Verfahren fast ausschließlich entweder nur traditionelle oder nur moderne Verfahren zugeordnet sind. Dieses Muster tritt nur bei den zugehörigen Verfahren der Gesamtbewertungsverfahren nicht auf. Diese beiden Gesamtbewertungsverfahren werden im Laufe der Arbeit näher betrachtet und miteinander verglichen.

Funktion und Anlässe der Unternehmensbewertung

Anlässe der Unternehmensbewertung

Ein typischer Anlass für die Bewertung einer Unternehmung ist der Unternehmenskauf oder -verkauf. Darüber hinaus gibt es viele weitere verschiedene Anlässe für die Bewertung eines Unternehmens oder einer Teileinheit eines Unternehmens. Auf Grund der Vielzahl und der Unterschiedlichkeit der verschiedenen Anlässe kommt die Problematik auf, klare Kriterien für einen Bewertungsanlass systematisch zu ordnen. Deswegen werden die Anlässe in Bezug auf ihre möglichen Auswirkungen unterteilt. Dabei ergeben sich vier mögliche Anlässe für die Bewertung eines Unternehmens.

Die **Bewertung auf Grundlage unternehmerischer Initiativen** wie z.B. dem Kauf oder dem Verkauf einer gesamten Unternehmung. Darüber hinaus führen unter anderem unternehmerische Tätigkeiten wie das Durchführen einer Fusion, das Zuführen von Eigen- und Fremdkapital und das Tätigen von Sacheinlagen ebenfalls zu Unternehmensbewertungen.

Eine weitere Kategorie möglicher Anlässe für die Bewertung eines Unternehmens wäre die **Bewertung für Zwecke der externen Rechnungslegung.** Diese dienen der Kaufpreisallokation oder sind durch steuerrechtliche Regelungen vorgeschrieben.

Die **Bewertung aufgrund gesetzlicher Regelungen** ist ebenfalls ein möglicher Anlass für eine Bewertung eines Unternehmens. Dieser Anlass ergibt sich insbesondere aus dem Aktien- und Umwandlungsgesetz. Handlungen, die nach dem Aktiengesetz eine Unternehmensbewertung zur Folge haben, sind der Abschluss von Unternehmensverträgen, die Eingliederung und der Squeeze Out. Finden Barabfindungen und Umtauschverhältnisse bei einem Verschmelzungs- oder Spaltungsbericht statt, ist dies ebenfalls ein Anlass für eine Unternehmensbewertung gemäß dem Umwandlungsgesetz.

Außerdem ist eine **Bewertung** auch **auf vertraglicher Grundlage** möglich, bzw. von dieser Grundlage ausgehend. Dies ist der Fall beim Ein- und Austreten von Gesellschaftern bei Personengesellschaften oder bei Erbauseinandersetzungen und der Erbteilung. Darüber hinaus können auch Abfindungsfälle im Familienrecht und Schiedsverträge oder Schiedsgutachten Indikatoren für eine Bewertung sein. [1]

Funktionen der Unternehmensbewertung

Die Funktion der Unternehmensbewertung besteht vereinfacht gesagt in der Lösung des Streits um den passenden Wert für ein Unternehmen.

„Der" Wert einer Unternehmung existiert nicht. Die Unternehmensbewertung erfolgt zu verschiedenen Anlässen mit verschiedenen Intentionen und nach verschiedenen Verfahren. Um einen möglichst passenden Wert für ein Unternehmen zu finden, muss die mit der Bewertung beauftragte Person über sämtliche Informationen – wie bspw. den Anlass der Bewertung und die Intention der Bewertung - verfügen, um für diese Voraussetzungen eine passende Bewertung anfertigen zu können.

Es wird grundsätzlich zwischen der Haupt- und der Nebenfunktion einer Unternehmungsbewertung unterschieden.

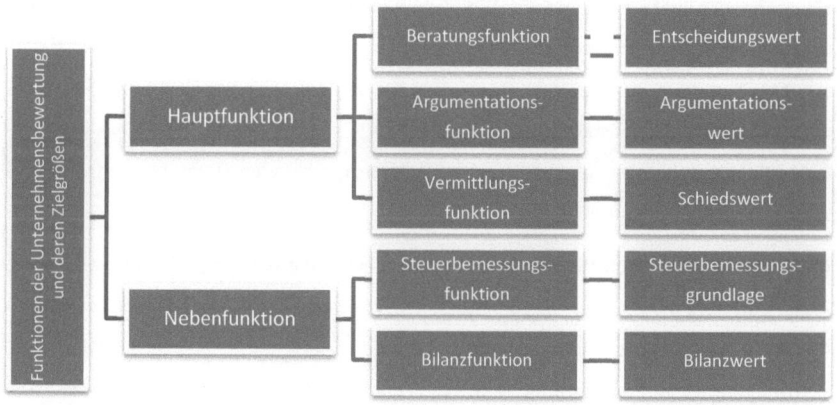

Abb. 3 Funktionen der Unternehmensbewertung und deren Zielgrößen [1]

In Abbildung 3 sind die verschiedenen Haupt und Nebenfunktionen mitsamt ihrer Zielgrößen dargestellt.

Für den Fall, dass eine mit der Bewertung eines Unternehmens beauftragte Person einem bestimmten Entscheidungssubjekt in ein einer Entscheidungs- oder Konfliktsituation einen Unternehmenswert erarbeiten soll, spricht man von der **Beratungsfunktion**. Der erarbeitete Wert wird dann als **Entscheidungswert** betitelt. Der Wert hat den Anspruch das Entscheidungssubjekt in dieser speziellen Situation zu beraten und eventuell eine rationale

Entscheidung hinsichtlich des Vorhabens des Entscheidungssubjekts zu liefern. Der Entscheidungswert ist dabei vereinfacht als ein Verhandlungsobjekt zu betrachten. So ist der Entscheidungswert im Rahmen eines Unternehmenskaufs als der maximale Wert den der Käufer bezahlen will zu verstehen. Der Unternehmensverkäufer hat ebenfalls den Unternehmenswert berechnet. Seine Berechnung ist wohlmöglich genauer, da er über die nötigen Daten für eine exakte Bewertung verfügt. Ziel des Verkäufers in diesem Szenario ist es, das Unternehmen nicht unter dem errechnetem Wert zu verkaufen.

Der Entscheidungswert charakterisiert sich durch die Verkörperung eines Grenzwerts oder der Konzessionsgrenze und ist nur gültig für das bestimmte Entscheidungssubjekt und dessen Zielsystem.

Die **Vermittlungsfunktion** der Unternehmensbewertung besteht in der Ermittlung eines sogenannten **Schiedswert**. Der Schiedswert wird in Konfliktsituationen zur Änderung von Eigentumsverhältnissen ermittelt. Die Funktion des Schiedswert ist es, als fairer Einigungspreis der verschiedenen betroffenen Parteien zu agieren. Der Schiedswert kann somit als Kompromiss betrachtet werden, welcher den betroffen Parteien aus Gründen der Interessenwahrung zusteht. Der Schiedswert kann dabei jedoch nur im Überschneidungsbereich der beiden verschiedenen errechneten Unternehmenswerte des Käufers und des Verkäufers liegen.

Die **Argumentationsfunktion** der Unternehmensbewertung beinhaltet das Ermitteln eines **Argumentationswerts**. Der Argumentationswert baut auf dem Entscheidungswert (Beratungsfunktion) auf. Der Argumentationswert wird in einer Verhandlung dem Verhandlungspartner als Kommunikations- und Beeinflussungsmittel übermittelt. Der eigentliche Entscheidungswert wird dabei verschwiegen. Ziel ist es, den Argumentationswert in dieser Verhandlung im besten Fall zu erreichen. Normalerweise übersteigt er den Erwartungswert (Verkäuferposition) oder er unterschreitet den Erwartungswert (Käuferposition).

Die unternehmensbewertende Person benötigt, um einen Argumentationswert für eine Verhandlung zu ermitteln, verschiedene Daten wie bspw. den eigentlichen Entscheidungswert, eine grobe Schätzung des Entscheidungswerts der Verhandlungspartner und eine genaue Zielvorstellung der zu bewertenden Unternehmung.

Die **Steuerbemessungsfunktion** hat die Funktion, die Rechtssicherheit und die Möglichkeit der Steuergerechtigkeit zu gewährleisten. Dabei steht bei der Steuerbemessungsfunktion die Ermittlung der steuerrechtlichen Bemessungsgrundlage im Mittelpunkt.

Die **Bilanzfunktion** der Unternehmensbewertung besteht darin, den Wert des Unternehmens oder Teile des Unternehmens in der Bilanz aufgrund von steuer- und handelsrechtlicher Vorschriften abzubilden. [1]

Nachdem die Grundlagen der Unternehmensbewertung, wie dessen Anlässen, Funktionen und Klassifizierungen, beschrieben worden sind, werden im Folgenden die beiden Verfahren der Gesamtbewertungsverfahren vorgestellt. Im Anschluss werden diese beiden Verfahren analysiert und miteinander verglichen.

Ertragswertverfahren

Das Ertragswertverfahren errechnet den Unternehmenswert als Barwert der in Zukunft zu erwartenden Erträge. Das Ertragswertverfahren ist ein traditionelles Verfahren und gehört der Kategorie der Gesamtbewertungsverfahren an. Außerdem wendet das Verfahren die Netto-Methode an, was dazu führt, dass der zu errechnende Unternehmenswert direkt ermittelt wird. Der Unterschied zwischen der Netto- und der Bruttomethode wird im nächsten Abschnitt näher erläutert.

Kennzeichnend für das Ertragswertverfahren ist die Verwendung von Gewinngrößen als Determinanten des Ertragswerts. Die Errechnungen des Ertragswertverfahren basieren auf der Gewinnschätzung eines nachhaltig erzielbaren Unternehmenserfolgs (bei gleichbleibender Unternehmensleistung), der mit einem landesüblichen oder branchenspezifischen Zinssatz mit verschiedenen Zuschlägen für bspw. das Kapitalrisiko verrechnet wird.

Unter Verwendung dieser Werte lässt sich der Ertragswert als zukünftiger Nutzen mit dem Kalkulationszinssatz auf einen bestimmten Tag abgezinst, darstellen. Mit dem zukünftigen Nutzen einer Unternehmung sind im Falle des Ertragswertverfahren zu erwartende finanzielle Zukunftserträge gemeint. Diese Zukunftserträge können unterschiedlich definiert werden, weshalb es in der Praxis der Unternehmensbewertung mehrere Varianten des Ertragswertverfahrens gibt.

Die verschiedenen Ausprägungen des Verfahrens legen verschiedenen Werte für die Berechnung des Unternehmenswert zugrunde.

Wenn der sog. **Netto-Cashflow** zugrunde gelegt wird, werden zur Bewertung des Unternehmens die finanziellen Zu- und Abflüsse des Unternehmenseigners und dessen persönliche Steuern und eventuelle Synergieeffekte anderer Unternehmen mitberücksichtigt. Außerdem ist zur Ermittlung des Unternehmenswert die Erfolgs- und Finanzplanung des Unternehmens wichtig. So werden Annahmen über die zukünftige Kapitalstruktur, eventuelle Kapitalrückzahlungen und Kapitalzuflüsse durch den Unternehmenseigner getroffen und daraufhin ebenfalls berücksichtigt.

Wenn dagegen die **Netto-Ausschüttung** als Basis des Ertragswertverfahren dient, wird nur der Saldo aus Ausschüttungen, Kapitalrückzahlungen und Kapitaleinzahlungen berücksichtigt. Externe Synergieeffekte sowie persönliche Steuerlasten werden nicht betrachtet.

Wenn die **Einzahlungsüberschüsse** der Unternehmung zugrunde gelegt werden, wird angenommen, dass jede Periode die gesamten Einzahlungsüberschüsse an den Unternehmenseigner ausgeschüttet werden. Somit dient der potentielle Cashflow des Eigners als Grundlage der Wertbemessung des Unternehmens.

In einer weiteren Variante des Ertragswertverfahren werden die **Periodenerfolge** der Unternehmung als Bemessungsgrundlage verwendet. Dabei muss jedoch zunächst ein zukünftiger Periodenerfolg unter Berücksichtigung von vergangenheitsbezogenen Erträgen & Aufwendungen ermittelt werden. [1]

Allgemein lässt sich der Ertragswert einer Unternehmung wie folgt berechnen:

Unter der Annahme, dass es sich um eine Unternehmung mit begrenzter Lebensdauer und jährlich schwankenden Gewinnen handelt:

$$EW = \sum_{T=1}^{n} G_T \cdot (1 + i)^{-T} + L_n \cdot (1 + i)^{-n}$$

Handelt es sich um eine Unternehmung mit begrenzter Lebensdauer aber konstanten jährlichen Gewinnen, gilt Folgendes:

$$EW = G \cdot \frac{(1+i)^n - 1}{i \cdot (1+i)^n} + L_n \cdot (1+i)^{-n}$$

Wenn von einer unbegrenzten Lebensdauer der Unternehmung und jährlich konstanten Gewinnen ausgegangen wird, lässt sich der Erwartungswert wie folgt errechnen:

$$EW = \frac{G}{i}$$

Je nachdem, auf welcher Grundlage der Unternehmenswert bestimmt wird, müssen die entsprechenden Werte ergänzt werden.

EW = Erwartungswert der Unternehmung / G = Gewinn / i = Kalkulationszinssatz / L = Liquiditätserlös / n = erwartete Lebensdauer / T = Zeitindex

Discounted Cash Flow Verfahren

Die Discounted Cash Flow (DCF) Verfahren stammen ursprünglich aus der angelsächsischen/amerikanischen Bewertungspraxis und sind erst seit 2000 durch das Institut der Wirtschaftsprüfer in Deutschland zur Bewertung von Unternehmungen zugelassen. Es wird hauptsächlich zur Unternehmensbewertung im Rahmen von Unternehmenskäufen oder Unternehmensverkäufen verwendet. [4]

Das DCF-Verfahren besteht aus vier Verfahren, die nach zwei grundsätzlich verschiedenen Ansätzen funktionieren.

Die vier DCF-Verfahren werden wie folgt benannt:

- Flow to Equity (FTE) Verfahren
- Free Cash Flow (FCF) Verfahren
- Total Cash Flow (TCF) Verfahren
- Adjusted Present Value (APV) Verfahren

Diese vier Verfahren unterscheiden sich in ihrer Funktionsweise nach dem Netto- (Equity-approach) und dem Bruttoansatz (Entity-approach).

Unter dem **indirekten** Weg der Ermittlung des Unternehmenswert wird das **Bruttoverfahren** verstanden. Nach dem Bruttoverfahren wird der Unternehmenswert in zwei Schritten errechnet. Dabei wird im ersten Schritt der Unternehmensgesamtwert durch das Abzinsen zukünftiger Cashflows ermittelt. Der zu diskontierende Cashflow wird auf Basis verschiedener Prognose- und Planrechnungen aufgestellt. Dieser diskontierte Cashflow stellt sowohl die Ansprüche des Eigenkapitalgebers als auch die des Fremdkapitalgebers dar. Um den Wert des Eigenkapitals zu errechnen, welcher den eigentlichen Unternehmenswert wiedergibt, wird anschließend im zweiten Schritt der Marktwert des Fremdkapitals von dem bereits errechneten Gesamtwert des Unternehmens abgezogen. [1] [5]

Der **direkte** Weg der Ermittlung des Unternehmenswert, also die Berechnung in einem Schritt, wird als **Nettoverfahren** bezeichnet. Im Rahmen des Nettoverfahrens werden die den Eigenkapitalgebern zustehenden Cashflows mit dem Kapitalisierungszins diskontiert, woraufhin sich der Wert des Eigenkapitals ergibt. Dem Kapitalisierungszins liegt die risikoäquivalente Renditenforderung der Eigentümer zu Grunde. Die risikoäquivalente Renditenforderung wird als Zins vom Eigenkapitalgeber verlangt und beläuft sich auf eine Verzinsung die am Kapitalmarkt alternativ erreichbar wäre. [6] [1]

Vereinfacht gesagt, errechnet das DCF-Verfahren den Unternehmenswert auf Basis eines Cashflows, der sich wie folgt zusammensetzt. Der zugrunde gelegte Cashflow der Unternehmung, basiert auf aktuellen und ggf. auch vergangenheitsbezogenen, objektiv bewertbaren Gegenständen. Dieser Cashflow wird nach dem DCF-Verfahren für die Dauer des Bewertungszeitraums für jedes Jahr neu prognostiziert. Dabei fließen in die Cashflow-Prognose der zukünftigen Jahre sämtliche Faktoren wie verschiedene Interessen, Einschätzungen und eventuelle Entwicklungen mit ein. Die Prognosewerte werden miteinander addiert und der Prognoseendwert des letzten Jahres des Bewertungszeitraums wird mit dem Kapitalisierungszinssatz verrechnet. Dabei ergibt sich der sog. Residualwert oder auch Fortführungswert genannt. Dieser Wert trifft eine Aussage über die weitere Entwicklung des Werts der Unternehmung am Ende des Bewertungszeitraums. Der Residualwert wird daraufhin im Rahmen des DCF-Verfahren auf den gegenwärtigen Zeitpunkt abgezinst. Dieser diskontierte Wert stellt den Unternehmenswert da. Dabei wird ein Zinssatz verwendet, der die beste risikoäquivalente Alternative am Kapitalmarkt darstellt.

Die folgende Abbildung 4 stellt dar, welche der vier DCF-Verfahren auf dem Nettoansatz oder dem Bruttoansatz basieren.

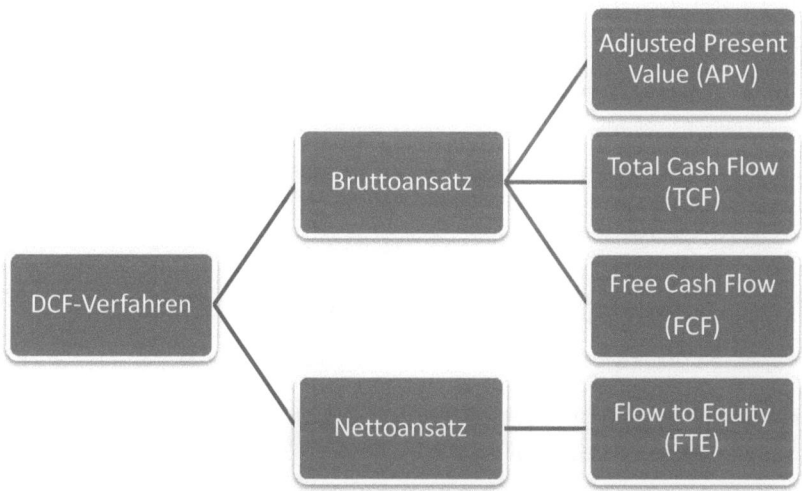

Abbildung 4 Zuordnung der DCF-Verfahren [1]

Der Cashflow-Begriff setzt sich nicht ausschließlich aus Gewinn, Abschreibungen und Rückstellungsveränderung zusammen. Der Begriff beinhaltet außerdem die entsprechenden Veränderungen durch Investitionen des Anlage- und Umlaufvermögens. Der Total Cash Flow und der Free Cash Flow stellen zwei verschiedene Cashflow-Größen dar, die sich in der Behandlung des sog. Tax Shield-Werts in Bezug auf den Unternehmenswert unterscheiden. Der Tax Shield stellt eine den Unternehmenswert beeinflussende Größe dar, die sich aus Fremdkapitalzinsen, Schulden oder Verlustvorträgen zusammensetzt. [1] [4]

Die Verfahren der Bruttoansätze haben gemein, dass das bei der Berechnung des Unternehmenswert von einer fiktiv rein eigenfinanzierten Unternehmung ausgegangen wird. Die Verfahren des Bruttoansatzes (bis auf APV) berücksichtigen bei der Unternehmensbewertung die Eigenkapitalkosten einer verschuldeten Unternehmung. Das APV-Verfahren hingegen verwendet den Eigenkapitalkostensatz einer unverschuldeten Unternehmung bei der Wertermittlung. Die Eigenkapitalkosten, die zur Berechnung der

Unternehmenswerte benötigen werden, können über das CAPM-Modell errechnet werden. Das Capital Asset Pricing-Modell leitet vereinfacht beschrieben die Eigenkapitalkosten auf Basis gegebener vergleichbarer Marktdaten ab. [7] Die drei Bruttoverfahren unterscheiden sich neben dem zu Grunde legen einer verschuldeten oder unverschuldeten Unternehmung zudem noch in der Behandlung der Unternehmenssteuerersparnis aus anteiliger Fremdfinanzierung. [1]

Das FTE-Verfahren verrechnet die ermittelten Zahlungsströme an die Unternehmenseigentümer direkt mit der Diskontierungsrate, die sich aus dem CAPM-Modell ergibt. Die Zahlungsströme bzw. die Cashflows ergeben sich aus dem um die Zahlungen an die Fremdkapitalgeber gekürzten handelsrechtlichen Jahresüberschuss. [1]

Vergleich Ertragswert- und DCF-Verfahren

Das Ertragswertverfahren ist in Deutschland derzeit das am meisten verwendete Verfahren, wenn die Bewertung eines Unternehmens anlässlich eines Unternehmensverkaufs oder Einkaufs bevorsteht. Seit 2000 ist in Deutschland das DCF-Verfahren zugelassen. Seitdem wird es stetig mehr verwendet, was darin begründet liegt, dass das DCF-Verfahren den internationalen Unternehmensbewertungsstandard ausmacht. Im Zuge grenzübergreifender wirtschaftlicher Handlungen, die eine Unternehmungsbewertung zu Folge haben, geschieht dies nur auf der Grundlage des international anerkannten DCF-Verfahrens. [8]

Der Vergleich zwischen diesen beiden Bewertungsverfahren soll verschiedene Gemeinsamkeiten und Unterschiede der beiden Methoden darstellen und somit eventuell ein Verständnis für das Ansteigen der Popularität des DCF-Verfahrens im deutschen Raum schaffen.

Wie in Abbildung 2 bereits dargestellt, handelt es sich bei beiden Verfahren um Gesamtbewertungsverfahren. Beide Verfahren ermitteln im Gegensatz zu anderen üblichen Bewertungsverfahren einen Zukunftswert. Die Gesamtbewertungsverfahren unterscheiden sich durch die zeitliche Perspektive von anderen Verfahren. Bei der Wertermittlung der Gesamtbewertungsverfahren spielen fast ausschließlich zukünftige Daten eine Rolle. Dieses Merkmal, also die zeitliche Perspektive der beiden Verfahren, ist jedoch auch eine

„Schwachstelle". Das Ertragswert- und das DCF-Verfahren treffen Aussagen über zukünftige Werte die auf Prognosen basieren, was zur Folge hat, dass die Verfahren keine exakten Aussagen über den Unternehmenswert treffen können. [9]

Unterschiede zwischen den beiden Verfahren finden sich in den zugrunde gelegten Größen der Wertermittlung. So basiert das Ertragswertverfahren auf zukünftigen „konstanten" Erträgen und das DCF-Verfahren auf verschiedenen Arten von zukünftigen Cashflows. Außerdem unterscheiden sich die beiden Verfahren in der Art des verwendeten Kapitalisierungszinssatzes. Im Ertragswertverfahren wird mit einem landesüblichen oder einem branchenspezifischen Zinssatz gerechnet. Der Kapitalisierungszins des DCF-Verfahrens, der sich am Kapitalmarkt orientiert und durch das CAPM-Verfahren bestimmt wird, hat im Vergleich zum Ertragswertverfahren eine aktive Interaktionskomponente zwischen der Unternehmung und der Umwelt, was dazu führt, dass das DCF-Verfahren die Wechselwirkungen und die Dynamik zwischen Unternehmen und Umwelt/Kapitalmarkt besser erfassen kann. Diese Eigenschaft gestaltet das DCF-Verfahren vereinfacht formuliert variabel und offen, was ein Grund sein könnte, warum das DCF-Verfahren neben der internationalen Anerkennung auch zunehmend in Deutschland zur Unternehmensbewertung verwendet wird. Darüber hinaus handelt es sich bei dem Ertragswertverfahren um ein traditionelles Verfahren. Das DCF-Verfahren hingegen ist ein modernes Verfahren. Wie bereits zu Beginn der Arbeit erwähnt wurde, orientiert sich die Betriebswirtschaft an modernen Verfahren, was ebenfalls als Begründung für die Nutzung des modernen DCF-Verfahrens gewichtet werden kann. Darüber hinaus unterscheiden sich die beiden Verfahren in der Art und Weise, wie sich die zu diskontierenden Beträge des Bewertungszeitraums errechnen. Unter Verwendung des DCF-Verfahren werden die Cashflows für jedes Jahr des Bewertungszeitraums neu errechnet. Das Ertragswertverfahren verwendet hingegen einen konstanten Betrag, den das Unternehmen in der gegenwärtigen Situation unter gleichbleibenden Bedingungen weiterhin erzielen könnte. Dadurch, dass im DCF-Verfahren die Cashflows für jedes Jahr einzeln berechnet werden, ist eine wesentlich genauere und spezifischere Bewertung für ein Unternehmen möglich.

Welches der beiden Verfahren sich letztendlich „besser" für die Bewertung eines Unternehmens eignet, hängt von verschiedenen Faktoren ab. Faktoren die über die Wahl des Verfahrens entscheiden sind bspw. ob der Anlass der Bewertung grenzübergreifend ist. Weitere Faktoren wären die Unternehmensgröße des zu bewertenden Unternehmens. Die

Wertermittlung bei der Ertragswertmethode erfolgt ausschließlich direkt, weshalb sie für kleine Unternehmen praktikabler ist. Die Verwendung des Ertragswertverfahren bietet sich außerdem an, wenn es sich um eine in der Vergangenheit „stabile" Unternehmung mit konstanten Erträgen handelt. Für die Bewertung von Unternehmen mit verschiedenen Schwankungen oder Unternehmen aus sehr stark zukunftsorientierten Branchen (Internethandel etc.) eignet sich das DCF-Verfahren, aufgrund der variablen Planung der einzelnen Jahre besser. Das DCF-Verfahren besteht aus mehreren Verfahren und kann den Unternehmenswert entsprechend der Strategie des Managements bilden. Das Ertragswertverfahren ist dafür zu statisch, darüber hinaus kommt es in Fällen der Unternehmensakquisition an seinen Grenzen, weshalb sich das Verfahren nicht für „größere" Unternehmen eignet. [1] [10]

Die Unternehmensbewertung in der Praxis erfolgt oftmals nicht ausschließlich nach einem Verfahren. Das liegt darin begründet, dass anlässlich einer Unternehmensübernahme, die Verkäufer ihr Unternehmen im Rahmen des DCF-Verfahren eventuell „unrealistisch" bewerten und dies bspw. mit dem Entwicklungstrend einer Branche oder eines Kunden rechtfertigen. Die Käufer hingegen, bewerten das Unternehmen eventuell unterhalb des zukünftigen Nutzens. Daraufhin werden in der Praxis verschiedene Unternehmensbewertungen angefertigt. Es werden sog. worst case, most likly case und best case Szenarien bei der Bewertung zugrunde gelegt. Darüber hinaus werden die Werte der verschiedenen Szenarien mit den Werten aus Überschlagsrechnungsverfahren mit vergleichbaren Unternehmensübernahmen (gleiche Branche, etc.) verglichen. Die verschiedenen Werte grenzen somit eine Verhandlungspanne ein.

Fazit

Die Arbeit hat die Grundlagen der Bewertungslehre dargestellt. Es wurde ein Überblick über die verschiedenen Verfahren und deren Zuordnung vermittelt. Darüber hinaus wurden sämtliche Themen die Unternehmensbewertung betreffend, wie verschiedene Anlässe und Funktionen, aufgegriffen und ausgeführt. Zwei Verfahren der Bewertungslehre wurden näher erläutert und anschließend auf deren Gemeinsamkeiten und Unterschiede analysiert.

Die Analyse zwischen den beiden Gesamtbewertungsverfahren stellte dar, dass die beiden Verfahren in verschiedenen Punkten wie der Ausrichtung der zeitlichen Perspektive Gemeinsamkeiten haben. Unterschiede stellten sich in den zugrunde gelegten Werten für die Bewertung und die Verwendung verschiedener Kapitalisierungszinssätze heraus. Außerdem wurden Begründungen angeführt, die den Einzug des DCF-Verfahren in den deutschen Raum gerechtfertigt haben.

Zusammenfassend lässt sich sagen, dass beide Verfahren ein breites Anwendungsspektrum finden, was darin begründet liegt, dass es für beide Verfahren verschiedene Ausführungen gibt. Die verschiedenen Ausführungen der DCF-Verfahren sind jedoch etwas vielseitiger als die des Ertragswertverfahrens, denn neben dem zugrunde legen verschiedener Arten von Cashflows vertritt das DCF-Verfahren verglichen mit dem Ertragswertverfahren nicht ausschließlich direkte Ermittlungsmethoden (Nettoansatz), sondern auch indirekte Methoden (Bruttoansatz). Des Weiteren sind die subjektiven Bewertungsmaßstäbe des DCF-Verfahren insofern flexibler, als dass sie für jedes Jahr des Bewertungszeitraums einzeln Wert bestimmen und ein auf die entsprechenden Intentionen und Anlässe des Managements angepassten Wert ermitteln.

Ein interessanter Gedankengang und „Denkanstoß" zum Abschluss der Arbeit gebührt der Frage, inwiefern die ermittelten Werte der Verfahren zu hinterfragen sind. Meiner Meinung nach besteht ein Unternehmen aus mehr als nur verschiedenen Abteilungen, Systemen, Kapitalflüssen und Vermögensgegenständen. Jedoch sind dies bis auf weiteres die Objekte, die zur Unternehmenswertermittlung verwendet werden. Ich denke, dass das Schaffen und Erarbeiten einer anreizenden Unternehmenskultur und die Etablierung eines ethisch korrekten Corporate Governance ebenfalls Auswirkungen auf Unternehmungen und somit auch auf deren Wert haben kann. Zugegebenermaßen ist es schwer, die Facetten einer

Unternehmenskultur als einen festen Wert darzustellen, dennoch könnte man die Wirkung und die Reichweite der Unternehmenskultur ansatzweise durch das Vergleichen von verschiedenen Kennzahlen und Produktivitäts- und Zufriedenheitsmessungen vor und nach Etablierung einer „neuen" Unternehmenskultur vergleichen. Darüber hinaus könnte die Reichweite der Auswirkungen verschiedener Unternehmenskulturen aus dem Vergleich objektiv betrachtet ähnlicher Unternehmen, die jedoch verschiedene Kulturen und unterschiedlichen Arbeitsatmosphären aufweisen, anhand der Unterschiede von relevanten Kennzahlen, Produktivitäten und Zufriedenheiten abgeleitet werden. Wenn sich bei dieser Analyse Muster erkennen lassen würden, die die Art und Weise einer Unternehmenskultur in Verbindung mit verschiedenen Werten und Veränderungen bringen würden, könnte die Unternehmenskultur in ihren Auswirkungen bei einer Unternehmensbewertung als Wertbemessungsgrundlage berücksichtigt werden.

Literaturverzeichnis

[1]   H. B. H. Kußmaul, Investition 2.Auflage.

[2]   S. Yalcin, Verfahren der Unternehmensbewertung im Überblick.

[3]   „Unternehmensbewertung," [Online]. Available: http://www.bewerten-unternehmen.de/gesamtbewertungsverfahren-ertragswert.

[4]   „IWW Institut," [Online]. Available: http://www.iww.de/bbp/archiv/unternehmensbewertung-die-bewertung-von-unternehmen-mit-dem-discounted-cash-flow-verfahren-f34213.

[5]   „Wikipedia," [Online]. Available: https://de.wikipedia.org/wiki/Entity-Methode.

[6]   „Wikipedia," [Online]. Available: https://de.wikipedia.org/wiki/Nettomethode.

[7]   „DWB Alpha Star Aktien," [Online]. Available: http://www.alpha-star-aktienfonds.de/wissen/kapitalkosten/.

[8]   „Tech Corporate Finance," [Online]. Available: https://www.tech-corporatefinance.de/blog/unternehmensbewertung/discounted-cash-flow-verfahren-dcf-methode/.

[9]   M. Mokler, Ertragswert- und Discounted Cash-flow-Verfahren im Vergleich.

[10] „GeVestor," [Online]. Available: http://www.gevestor.de/details/ertragswertverfahren-und-dcf-verfahren-unterschiede-und-gemeinsamkeiten-671293.html.